Extrait de l'**Annuaire statistique de la ville de Paris**

pour l'année 1887

NOTICE SUR LE FONCTIONNEMENT

DU

SERVICE D'IDENTIFICATION

DE LA PRÉFECTURE DE POLICE

suivie de tableaux numériques résumant

LES DOCUMENTS ANTHROPOMÉTRIQUES

accumulés dans les archives de ce service.

par ALPHONSE BERTILLON,

Chef du service d'Identification.

PARIS

G. MASSON, ÉDITEUR

LIBRAIRE DE L'ACADÉMIE DE MÉDECINE

120, boulevard Saint-Germain, 120

973

1889

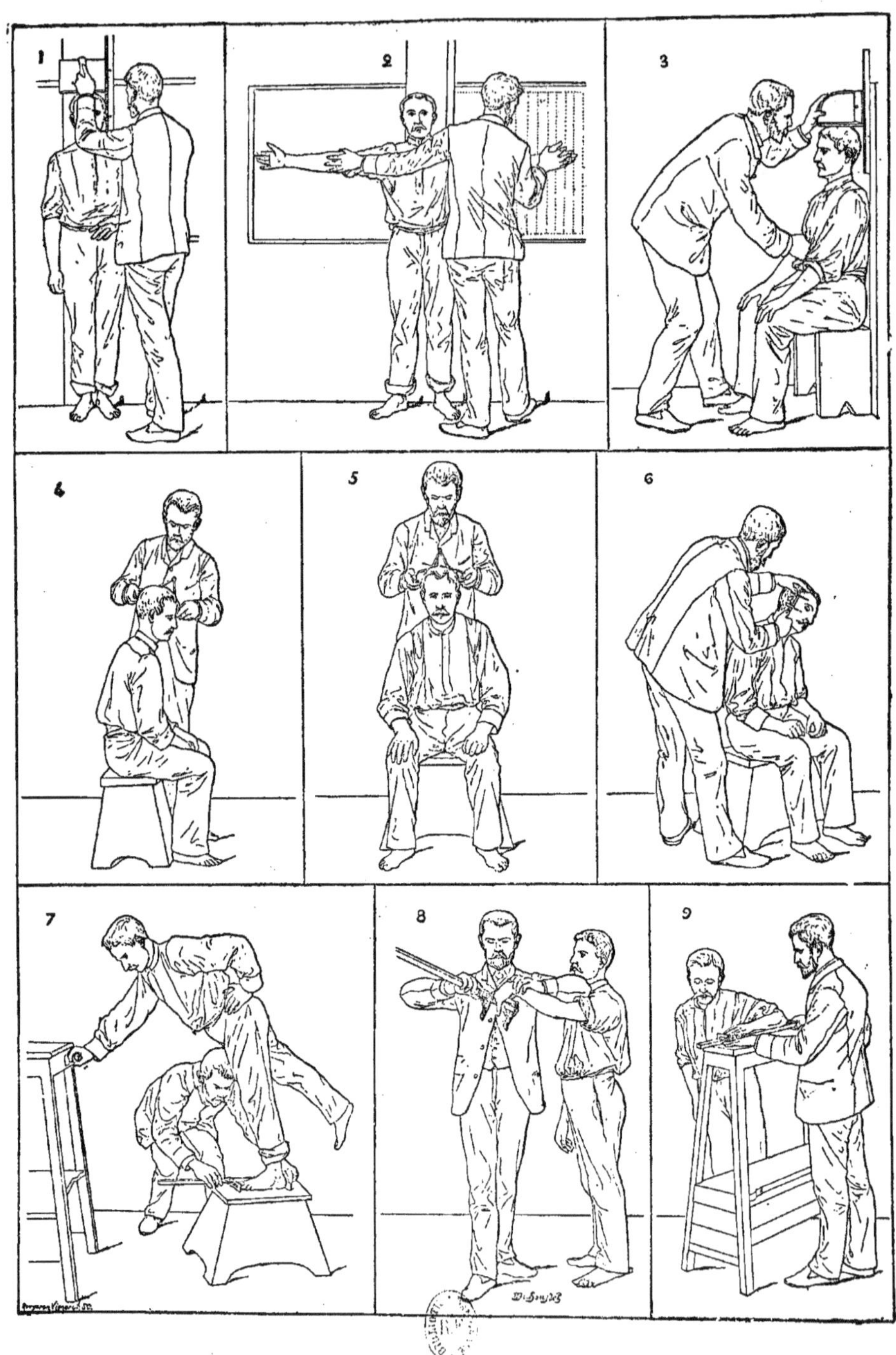

Relevé du signalement anthropométrique.

1. Taille. — 2. Envergure. — 3. Buste. — 4. Longueur de la tête. — 5. Largeur de la tête. — 6. Oreille droite. — 7. Pied gauche. — 8. Médius gauche. — 9. Coudée gauche.

*Extrait de l'***Annuaire statistique de la ville de Paris**

pour l'année 1887

NOTICE SUR LE FONCTIONNEMENT

DU

SERVICE D'IDENTIFICATION

DE LA PRÉFECTURE DE POLICE

suivie de tableaux numériques résumant

LES DOCUMENTS ANTHROPOMÉTRIQUES

accumulés dans les archives de ce service.

par ALPHONSE BERTILLON,

Chef du service d'Identification.

PARIS

G. MASSON, ÉDITEUR

LIBRAIRE DE L'ACADÉMIE DE MÉDECINE

120, boulevard Saint-Germain, 120

1889

NOTICE

SUR LE

FONCTIONNEMENT DU SERVICE D'IDENTIFICATION

DE LA PRÉFECTURE DE POLICE.

Historique. — L'identification anthropométrique a été inaugurée au dépôt de la Préfecture de police à la fin de l'année 1882 par M. Camescasse, préfet de Police, et M. Vel-Durand, secrétaire-général, d'après la méthode imaginée par M. Alphonse Bertillon et proposée à l'Administration dès 1879 (1).

Depuis, grâce à l'initiative de M. Herbette, directeur de l'Administration pénitentiaire, son extension au reste de la France est en voie d'organisation. (Voir à la fin de cette notice les circulaires ministérielles du 13 novembre 1885 et du 28 août 1888.)

Le but visé est de faciliter l'exécution de la loi du 20 mai 1863 sur les flagrants délits, en se ménageant un moyen sûr et rapide d'établir l'identité des récidivistes et d'annihiler ainsi ce délit spécial auquel les malfaiteurs avaient de plus en plus recours et qui consistait, pour échapper aux conséquences de leur passé, à prendre, à voler, le nom d'une personne dont ils connaissaient exactement l'état civil.

Personnel. — Le service d'Identification comprend deux sections qui correspondent chacune à un moyen d'investigation : 1° *la section d'anthropométrie;* 2° *la section de photographie.*

Le personnel de chacune des deux sections se compose de huit agents dont

---

(1) Voir les *Annales de démographie*, 1881, 1883 et 1886; *la Nature*, n° du 23 août 1883, du 26 mai 1888 et du 18 mai 1888; la *Revue politique et littéraire*, n° du 28 avril 1883; la *Revue scientifique* du 18 juillet 1885 et du 27 avril 1889; les *Archives d'anthropologie criminelle* du 15 mai 1886 et du 15 mars 1888 et de 1889.

Voir également, dans les comptes rendus du Congrès pénitentiaire de Rome, une conférence sur les *Signalements anthropométriques* par M. Alphonse Bertillon, adjoint à la délégation officielle du Gouvernement français, et une allocution de M. Herbette, directeur de l'Administration pénitentiaire, sur le même sujet.

un brigadier, détachés à titre permanent du service de la Sûreté, plus un inspecteur principal ayant autorité sur les deux attributions et un chef de service.

Les fonctions de la section anthropométrique consistent essentiellement à relever sur les détenus des prisons de la Seine, et notamment du Dépôt, un certain nombre de longueurs osseuses déterminées; puis, en prenant pour base les chiffres ainsi obtenus, à classer les photographies de ces individus suivant un ordre analogue à celui des flores, catalogues, etc., de façon à se ménager la possibilité de retrouver ultérieurement, dans une collection destinée à comprendre quelques centaines de mille d'épreuves, le portrait d'un récidiviste qui serait signalé comme dissimulant sa véritable identité sous un faux nom.

Explication du système. — Si l'on suppose que la collection ainsi réunie comprenne une soixantaine de mille d'épreuves, la répartition se présentera ainsi :

Photographies classées dans la division des longueurs de têtes petites...				20.000
Id.	id.	id.	moyennes	20.000
Id.	id.	id.	grandes. .	20.000
			Total..........	60.000

Chacune de ces trois divisions de 20,000 se répartira ensuite, suivant le même principe, et sans plus s'occuper aucunement de la taille, en trois séries suivant la largeur de la tête d'un chacun comprenant :

Celle des petites	largeurs de tête,	6,000	photographies et quelque chose.	
Id.	moyennes	id.	6,000	id.
Id.	grandes	id.	6,000	id.

Ces subdivisions de 6,000 seront elles-mêmes partagées en trois groupes suivant la longueur du doigt médius gauche et compteront alors chacune, savoir :

Celle des doigts médius	petits.....	2,000	photographies.
Id.	moyens. ..	2,000	id.
Id.	grands....	2,000	id.

La longueur du pied fournira une quatrième indication qui divisera encore chacun des paquets de photographies précédents en trois et les réduira à des séries de 600, que l'on réduira encore en des éléments plus petits en prenant pour base la longueur de la coudée, la longueur du doigt auriculaire et de l'oreille, la couleur des yeux et, enfin, la taille de l'individu, etc.

C'est ainsi qu'au moyen de six données anthropométriques nouvelles (le sexe, la taille, l'âge et la couleur des yeux ont été relevés de tout temps), la collection des 60,000 photographies de la Préfecture se trouve être divisée en groupes d'une dizaine de photographies qu'il sera dès lors facile de parcourir rapidement.

Ajoutons que, pour maintenir une classification de ce genre à un chiffre uniforme, on sera amené à tenir compte, en premier lieu et avant toute mensuration, d'un élément toujours renaissant qui est la date de naissance présumée, à vingt ans près : ici les individus nés de 1830 à 1849; à côté, ceux nés de 1850 à 1869; puis, de 1870 à 1889, etc.

Supposons maintenant que nous ayons à vérifier dans la collection si un individu n'y a pas été précédemment classé sous un autre nom. Il va de soi qu'en s'adressant à la division de longueur de tête correspondant à celle de l'individu examiné, et en s'arrêtant dans cette division, à la subdivision de sa largeur de tête, pour rechercher ensuite la sous-subdivision de son médius puis celle de son pied et de sa coudée, on arrivera, d'élimination en élimination, au paquet final, qui devra comprendre la photographie recherchée si, bien entendu, elle y a été classée précédemment.

Quand les longueurs relevées se trouvent être sur la limite des divisions, la recherche doit être faite dans les deux divisions frontières. Si plusieurs des mensurations relevées sont à la fois sur la limite, il faut tenir compte des combinaisons multiples, auxquelles les recherches de ce genre peuvent donner lieu.

Classification anthropométrique. — Les qualificatifs : *petit*, *moyen* et *grand*, de chaque élimination successive, sont déterminés rigoureusement par des chiffres.

Pour que les quotients ainsi obtenus soient approximativement égaux, il faut, de toute nécessité, que les limites numériques de la catégorie *moyenne* soient plus resserrées que celles des catégories *petite* ou *grande*. Si nous supposons, par exemple, que nous commencions nos éliminations par la taille, le chiffre de la taille moyenne devrait comprendre tous les individus de $1^{m}62$ à $1^{m}67$, tandis que la grande s'étendrait de $1^{m}68$ jusqu'au géant de 2 mètres, et la petite taille de $1^{m}62$ jusqu'au lilliputien de 1 mètre et quelques centimètres.

La répartition de la courbe binomiale montre que pour réaliser cette condition d'une façon générale, les limites de la catégorie *médiane* ne doivent s'écarter en dessus et en dessous de la moyenne arithmétique que d'une valeur égale aux 63 centièmes de l'erreur probable ou demi-écart de la moitié des cas.

Il va de soi, d'ailleurs, que la moyenne arithmétique de chaque mensuration varie suivant l'embranchement (petit, moyen ou grand) des mensurations précédentes.

C'est ainsi que quand on passe de l'élimination par le médius à l'élimination par le pied, la moyenne arithmétique du pied des individus dotés de médius *petit* sera notablement inférieure à la valeur similaire observée chez les sujets à médius *grand*.

Nous donnons ci-après le tableau de répartition de nos photographies avec l'indication numérique des limites de chaque division tripartite, jusqu'à et y compris l'élimination par la coudée, mais en les groupant exactement d'après l'ordre et la disposition observés dans nos armoires de classifications.

Chacune des trois travées, ou armoire I, II et III, est attribuée à une catégorie différente de longueur de tête : 1° la petite, 2° la moyenne et 3° la grande. Les montants verticaux, qui les divisent chacune en trois parties, séparent les trois divisions de largeur de tête. Chacune de ces parties est redivisée à son tour en trois, dans le sens de la hauteur, par un trait double, et les trois cases ainsi limitées correspondent aux trois divisions de médius. Enfin, chaque travée horizontale ou rayon est attribué à une division de pied, laquelle contient horizontalement trois cases pour la répartition par coudée.

Chaque case finale rectangulaire répond dans nos armoires à une petite boîte mobile, de forme *cabriolet*, qui reproduit, sur sa planchette antérieure, les indications du tableau, savoir :

I. *La longueur de tête.*	IV. Le pied.
II. *La largeur de tête.*	III. Le médius.
V. La coudée.	

Toute inscription numérique où figure le signe α appartient au groupe des *petits*, et toute inscription terminée par ω au groupe des *grands*; le groupe des moyens est caractérisé par la présence de deux chiffres réunis par un tiret.

Nous ajouterons, pour être complet, que ces cabriolets peuvent contenir chacun 500 photographies environ, qui sont redivisées elles-mêmes, en suivant la même méthode, d'après les chiffres d'*auriculaire*, d'*oreille*, de *taille* et de couleur d'yeux, au moyen de séparations de forme et de couleur différentes.

Photographie. — L'épreuve photographique jointe à ces chiffres se compose pour chaque individu de deux portraits juxtaposés reproduisant, l'un exactement le profil de droite, et l'autre la face légèrement tournée vers la droite ; les deux exactement à une échelle de 1/7.

Marques particulières. — Enfin au verso des cartes photographiques sont relevées, avec la précision des descriptions anatomiques, toutes les cicatrices, marques particulières ou simples coupures que présente l'individu examiné, avec l'indication rigoureuse de leurs dimensions et situation, etc..

Sûreté du procédé. — Ces trois éléments récognitifs, évidemment indépendants les uns des autres :

1° Mensuration ;

2° Photographies (face et profil) ;

ORDRE ET DISPOSITION OBSERVÉS DANS LES ARMOIRES DE CLASSIFICATION ANTHROPOMÉTRIQUE

	PETITE LARGEUR DE TÊTE			MOYENNE LARGEUR DE TÊTE			GRANDE LARGEUR DE TÊTE		
1° Armoire des petites longueurs de tête. (α — 18.3)	I α–18.3 IV 26.5–ω II α–15.2 III 11.4–ω V α–46.0	I α–18.3 IV 26.5–ω II α–15.2 III 11.4–ω V 46.1–47.0	I α–18.3 IV 26.5–ω II α–15.2 III 11.4–ω V 47.1–ω	I α–18.3 IV 26.8–ω II 15.3–15.7 III 11.5–ω V α–46.8	I α–18.3 IV 26.8–ω II 15.3–15.7 III 11.5–ω V 46.9–47.7	I α–18.3 IV 26.8–ω II 15.3–15.7 III 11.5–ω V 47.8–ω	I α–18.3 IV 27.2–ω II 15.8–ω III 11.6–ω V α–47.0	I α–18.3 IV 27.2–ω II 15.8–ω III 11.6–ω V 47.1–47.9	I α–18.3 IV 27.2–ω II 15.8–ω III 11.6–ω V 48.0–ω
	I α–18.3 IV 25.8–26.4 II α–15.2 III 11.4–ω V α–45.0	I α–18.3 IV 25.8–26.4 II α–15.2 III 11.4–ω V 45.1–45.9	I α–18.3 IV 25.8–26.4 II α–15.2 III 11.4–ω V 46.0–ω	I α–18.3 IV 26.1–26.7 II 15.3–15.7 III 11.5–ω V α–45.6	I α–18.3 IV 26.1–26.7 II 15.3–15.7 III 11.5–ω V 45.7–46.5	I α–18.3 IV 26.1–26.7 II 15.3–15.7 III 11.5–ω V 46.6–ω	I α–18.3 IV 26.4–27.1 II 15.8–ω III 11.6–ω V α–45.7	I α–18.3 IV 26.4–27.1 II 15.8–ω III 11.6–ω V 45.8–46.6	I α–18.3 IV 26.4–27.1 II 15.8–ω III 11.6–ω V 46.7–ω
	I α–18.3 IV α–25.7 II α–15.2 III 11.4–ω V α–44.4	I α–18.3 IV α–25.7 II α–15.2 III 11.4–ω V 44.5–45.3	I α–18.3 IV α–25.7 II α–15.2 III 11.4–ω V 45.4–ω	I α–18.3 IV α–26.0 II 15.3–15.7 III 11.5–ω V α–44.9	I α–18.3 IV α–26.0 II 15.3–15.7 III 11.5–ω V 45.0–45.8	I α–18.3 IV α–26.0 II 15.3–15.7 III 11.5–ω V 45.9–ω	I α–18.3 IV α–26.3 II 15.8–ω III 11.6–ω V α–45.0	I α–18.3 IV α–26.3 II 15.8–ω III 11.6–ω V 45.1–45.9	I α–18.3 IV α–26.3 II 15.8–ω III 11.6–ω V 46.0–ω
	I α–18.3 IV 25.6–ω II α–15.2 III 10.9–11.3 V α–43.9	I α–18.3 IV 25.6–ω II α–15.2 III 10.9–11.3 V 44.0–44.8	I α–18.3 IV 25.6–ω II α–15.2 III 10.9–11.3 V 44.9–ω	I α–18.3 IV 25.9–ω II 15.3–15.7 III 11.0–11.4 V α–44.2	I α–18.3 IV 25.9–ω II 15.3–15.7 III 11.0–11.4 V 44.3–45.1	I α–18.3 IV 25.9–ω II 15.3–15.7 III 11.0–11.4 V 45.2–ω	I α–18.3 IV 26.4–ω II 15.8–ω III 11.1–11.5 V α–45.0	I α–18.3 IV 26.4–ω II 15.8–ω III 11.1–11.5 V 45.1–45.9	I α–18.3 IV 26.4–ω II 15.8–ω III 11.1–11.5 V 46.0–ω
	I α–18.3 IV 24.8–25.5 II α–15.2 III 10.9–11.3 V α–43.3	I α–18.3 IV 24.8–25.5 II α–15.2 III 10.9–11.3 V 43.4–44.2	I α–18.3 IV 24.8–25.5 II α–15.2 III 10.9–11.3 V 44.3–ω	I α–18.3 IV 25.2–25.8 II 15.3–15.7 III 11.0–11.4 V α–43.9	I α–18.3 IV 25.2–25.8 II 15.3–15.7 III 11.0–11.4 V 44.0–44.8	I α–18.3 IV 25.2–25.8 II 15.3–15.7 III 11.0–11.4 V 44.9–ω	I α–18.3 IV 25.7–26.3 II 15.8–ω III 11.1–11.5 V α–44.3	I α–18.3 IV 25.7–26.3 II 15.8–ω III 11.1–11.5 V 44.4–45.2	I α–18.3 IV 25.7–26.3 II 15.8–ω III 11.1–11.5 V 45.3–ω
	I α–18.3 IV α–24.7 II α–15.2 III 10.9–11.3 V α–42.6	I α–18.3 IV α–24.7 II α–15.2 III 10.9–11.3 V 42.7–43.5	I α–18.3 IV α–24.7 II α–15.2 III 10.9–11.3 V 43.6–ω	I α–18.3 IV α–25.1 II 15.3–15.7 III 11.0–11.4 V α–43.3	I α–18.3 IV α–25.1 II 15.3–15.7 III 11.0–11.4 V 43.4–44.2	I α–18.3 IV α–25.1 II 15.3–15.7 III 11.0–11.4 V 44.3–ω	I α–18.3 IV α–25.6 II 15.8–ω III 11.1–11.5 V α–43.5	I α–18.3 IV α–25.6 II 15.8–ω III 11.1–11.5 V 43.6–44.4	I α–18.3 IV α–25.6 II 15.8–ω III 11.1–11.5 V 44.5–ω
	I α–18.3 IV 24.7–ω II α–15.2 III α–10.8 V α–42.4	I α–18.3 IV 24.7–ω II α–15.2 III α–10.8 V 42.5–43.3	I α–18.3 IV 24.7–ω II α–15.2 III α–10.8 V 43.4–ω	I α–18.3 IV 25.0–ω II 15.3–15.7 III α–10.9 V α–42.9	I α–18.3 IV 25.0–ω II 15.3–15.7 III α–10.9 V 43.0–43.8	I α–18.3 IV 25.0–ω II 15.3–15.7 III α–10.9 V 43.9–ω	I α–18.3 IV 25.2–ω II 15.8–ω III α–11.0 V α–43.1	I α–18.3 IV 25.2–ω II 15.8–ω III α–11.0 V 43.2–44.0	I α–18.3 IV 25.2–ω II 15.8–ω III α–11.0 V 44.1–ω
	I α–18.3 IV 23.9–24.6 II α–15.2 III α–10.8 V α–41.8	I α–18.3 IV 23.9–24.6 II α–15.2 III α–10.8 V 41.9–42.7	I α–18.3 IV 23.9–24.6 II α–15.2 III α–10.8 V 42.8–ω	I α–18.3 IV 24.2–24.9 II 15.3–15.7 III α–10.9 V α–42.3	I α–18.3 IV 24.2–24.9 II 15.3–15.7 III α–10.9 V 42.4–43.2	I α–18.3 IV 24.2–24.9 II 15.3–15.7 III α–10.9 V 43.3–ω	I α–18.3 IV 24.5–25.1 II 15.8–ω III α–11.0 V α–42.2	I α–18.3 IV 24.5–25.1 II 15.8–ω III α–11.0 V 42.3–43.1	I α–18.3 IV 24.5–25.1 II 15.8–ω III α–11.0 V 43.2–ω
	I α–18.3 IV α–23.8 II α–15.2 III α–10.8 V α–40.9	I α–18.3 IV α–23.8 II α–15.2 III α–10.8 V 41.0–41.8	I α–18.3 IV α–23.8 II α–15.2 III α–10.8 V 41.9–ω	I α–18.3 IV α–24.1 II 15.3–15.7 III α–10.9 V α–41.2	I α–18.3 IV α–24.1 II 15.3–15.7 III α–10.9 V 41.3–42.2	I α–18.3 IV α–24.1 II 15.3–15.7 III α–10.9 V 42.3–ω	I α–18.3 IV α–24.4 II 15.8–ω III α–11.0 V α–41.9	I α–18.3 IV α–24.4 II 15.8–ω III α–11.0 V 42.0–42.8	I α–18.3 IV α–24.4 II 15.8–ω III α–11.0 V 42.9–ω
2° Armoire des moyennes longueurs de tête. (18.4—18.9)	I 18.4–18.9 IV 26.8–ω II α–15.3 III 11.5–ω V α–46.8	I 18.4–18.9 IV 26.8–ω II α–15.3 III 11.5–ω V 46.9–47.7	I 18.4–18.9 IV 26.8–ω II α–15.3 III 11.5–ω V 47.8–ω	I 18.4–18.9 IV 27.1–ω II 15.4–15.8 III 11.6–ω V α–46.5	I 18.4–18.9 IV 27.1–ω II 15.4–15.8 III 11.6–ω V 46.6–47.4	I 18.4–18.9 IV 27.1–ω II 15.4–15.8 III 11.6–ω V 47.5–ω	I 18.4–18.9 IV 27.4–ω II 15.9–ω III 11.7–ω V α–47.5	I 18.4–18.9 IV 27.4–ω II 15.9–ω III 11.7–ω V 47.6–48.4	I 18.4–18.9 IV 27.4–ω II 15.9–ω III 11.7–ω V 48.5–ω
	I 18.4–18.9 IV 26.1–26.7 II α–15.3 III 11.5–ω V α–45.5	I 18.4–18.9 IV 26.1–26.7 II α–15.3 III 11.5–ω V 45.6–46.4	I 18.4–18.9 IV 26.1–26.7 II α–15.3 III 11.5–ω V 46.5–ω	I 18.4–18.9 IV 26.3–27.0 II 15.4–15.8 III 11.6–ω V α–46.0	I 18.4–18.9 IV 26.3–27.0 II 15.4–15.8 III 11.6–ω V 46.1–46.9	I 18.4–18.9 IV 26.3–27.0 II 15.4–15.8 III 11.6–ω V 47.0–ω	I 18.4–18.9 IV 26.6–27.3 II 15.9–ω III 11.7–ω V α–46.4	I 18.4–18.9 IV 26.6–27.3 II 15.9–ω III 11.7–ω V 46.5–47.3	I 18.4–18.9 IV 26.6–27.3 II 15.9–ω III 11.7–ω V 47.4–ω
	I 18.4–18.9 IV α–26.0 II α–15.3 III 11.5–ω V α–44.7	I 18.4–18.9 IV α–26.0 II α–15.3 III 11.5–ω V 44.8–45.6	I 18.4–18.9 IV α–26.0 II α–15.3 III 11.5–ω V 45.7–ω	I 18.4–18.9 IV α–26.2 II 15.4–15.8 III 11.6–ω V α–45.2	I 18.4–18.9 IV α–26.2 II 15.4–15.8 III 11.6–ω V 45.3–46.1	I 18.4–18.9 IV α–26.2 II 15.4–15.8 III 11.6–ω V 46.2–ω	I 18.4–18.9 IV α–26.5 II 15.9–ω III 11.7–ω V α–45.5	I 18.4–18.9 IV α–26.5 II 15.9–ω III 11.7–ω V 45.6–46.4	I 18.4–18.9 IV α–26.5 II 15.9–ω III 11.7–ω V 46.5–ω
	I 18.4–18.9 IV 25.8–ω II α–15.3 III 11.0–11.4 V α–44.4	I 18.4–18.9 IV 25.8–ω II α–15.3 III 11.0–11.4 V 44.5–45.3	I 18.4–18.9 IV 25.8–ω II α–15.3 III 11.0–11.4 V 45.4–ω	I 18.4–18.9 IV 26.2–ω II 15.4–15.8 III 11.1–11.5 V α–44.9	I 18.4–18.9 IV 26.2–ω II 15.4–15.8 III 11.1–11.5 V 45.0–45.8	I 18.4–18.9 IV 26.2–ω II 15.4–15.8 III 11.1–11.5 V 45.9–ω	I 18.4–18.9 IV 26.4–ω II 15.9–ω III 11.2–11.6 V α–45.2	I 18.4–18.9 IV 26.4–ω II 15.9–ω III 11.2–11.6 V 45.3–46.1	I 18.4–18.9 IV 26.4–ω II 15.9–ω III 11.2–11.6 V 46.2–ω
	I 18.4–18.9 IV 25.1–25.7 II α–15.3 III 11.0–11.4 V α–43.6	I 18.4–18.9 IV 25.1–25.7 II α–15.3 III 11.0–11.4 V 43.7–44.5	I 18.4–18.9 IV 25.1–25.7 II α–15.3 III 11.0–11.4 V 44.6–ω	I 18.4–18.9 IV 25.5–26.1 II 15.4–15.8 III 11.1–11.5 V α–44.4	I 18.4–18.9 IV 25.5–26.1 II 15.4–15.8 III 11.1–11.5 V 44.5–45.3	I 18.4–18.9 IV 25.5–26.1 II 15.4–15.8 III 11.1–11.5 V 45.4–ω	I 18.4–18.9 IV 25.7–26.3 II 15.9–ω III 11.2–11.6 V α–44.4	I 18.4–18.9 IV 25.7–26.3 II 15.9–ω III 11.2–11.6 V 44.5–45.3	I 18.4–18.9 IV 25.7–26.3 II 15.9–ω III 11.2–11.6 V 45.4–ω
	I 18.4–18.9 IX α–25.0 II α–15.3 III 11.0–11.4 V α–43.5	I 18.4–18.9 IV α–25.0 II α–15.3 III 11.0–11.4 V 43.6–44.4	I 18.4–18.9 IV α–25.0 II α–15.3 III 11.0–11.4 V 44.5–ω	I 18.4–18.9 IV α–25.4 II 15.4–15.8 III 11.1–11.5 V α–43.7	I 18.4–18.9 IV α–25.4 II 15.4–15.8 III 11.1–11.5 V 43.8–44.6	I 18.4–18.9 IV α–25.4 II 15.4–15.8 III 11.1–11.5 V 44.7–ω	I 18.4–18.9 IV α–25.6 II 15.9–ω III 11.2–11.6 V α–44.2	I 18.4–18.9 IV α–25.6 II 15.9–ω III 11.2–11.6 V 44.3–45.1	I 18.4–18.9 IV α–25.6 II 15.9–ω III 11.2–11.6 V 45.2–ω
	I 18.4–18.9 IV 25.0–ω II α–15.3 III α–10.9 V α–42.8	I 18.4–18.9 IV 25.0–ω II α–15.3 III α–10.9 V 42.9–43.7	I 18.4–18.9 IV 25.0–ω II α–15.3 III α–10.9 V 43.8–ω	I 18.4–18.9 IV 25.2–ω II 15.4–15.8 III α–11.0 V α–43.4	I 18.4–18.9 IV 25.2–ω II 15.4–15.8 III α–11.0 V 43.5–44.3	I 18.4–18.9 IV 25.2–ω II 15.4–15.8 III α–11.0 V 44.4–ω	I 18.4–18.9 IV 25.5–ω II 15.9–ω III α–11.1 V α–43.8	I 18.4–18.9 IV 25.5–ω II 15.9–ω III α–11.1 V 43.9–44.7	I 18.4–18.9 IV 25.5–ω II 15.9–ω III α–11.1 V 44.8–ω
	I 18.4–18.9 IV 24.2–24.9 II α–15.3 III α–10.9 V α–41.9	I 18.4–18.9 IV 24.2–24.9 II α–15.3 III α–10.9 V 42.0–42.8	I 18.4–18.9 IV 24.2–24.9 II α–15.3 III α–10.9 V 42.9–ω	I 18.4–18.9 IV 24.5–25.1 II 15.4–15.8 III α–11.0 V α–42.4	I 18.4–18.9 IV 24.5–25.1 II 15.4–15.8 III α–11.0 V 42.5–43.3	I 18.4–18.9 IV 24.5–25.1 II 15.4–15.8 III α–11.0 V 43.4–ω	I 18.4–18.9 IV 24.8–25.4 II 15.9–ω III α–11.1 V α–42.8	I 18.4–18.9 IV 24.8–25.4 II 15.9–ω III α–11.1 V 42.9–43.7	I 18.4–18.9 IV 24.8–25.4 II 15.9–ω III α–11.1 V 43.8–ω
	I 18.4–18.9 IV α–24.1 II α–15.3 III α–10.9 V α–41.4	I 18.4–18.9 IV α–24.1 II α–15.3 III α–10.9 V 41.5–42.3	I 18.4–18.9 IV α–24.1 II α–15.3 III α–10.9 V 42.4–ω	I 18.4–18.9 IV α–24.4 II 15.4–15.8 III α–11.0 V α–41.4	I 18.4–18.9 IV α–24.4 II 15.4–15.8 III α–11.0 V 41.5–42.3	I 18.4–18.9 IV α–24.4 II 15.4–15.8 III α–11.0 V 42.4–ω	I 18.4–18.9 IV α–24.7 II 15.9–ω III α–11.1 V α–42.0	I 18.4–18.9 IV α–24.7 II 15.9–ω III α–11.1 V 42.1–42.9	I 18.4–18.9 IV α–24.7 II 15.9–ω III α–11.1 V 43.0–ω
3° Armoire des grandes longueurs de tête. (19.0—ω)	I 19.0–ω IV 27.3–ω II α–15.4 III 11.7–ω V α–47.5	I 19.0–ω IV 27.3–ω II α–15.4 III 11.7–ω V 47.6–48.4	I 19.0–ω IV 27.3–ω II α–15.4 III 11.7–ω V 48.5–ω	I 19.0–ω IV 27.4–ω II 15.5–15.9 III 11.7–ω V α–47.4	I 19.0–ω IV 27.4–ω II 15.5–15.9 III 11.7–ω V 47.5–48.3	I 19.0–ω IV 27.4–ω II 15.5–15.9 III 11.7–ω V 48.4–ω	I 19.0–ω IV 27.8–ω II 16.0–ω III 11.8–ω V α–48.3	I 19.0–ω IV 27.8–ω II 16.0–ω III 11.8–ω V 48.4–49.2	I 19.0–ω IV 27.8–ω II 16.0–ω III 11.8–ω V 49.3–ω
	I 19.0–ω IV 26.6–27.2 II α–15.4 III 11.7–ω V α–46.3	I 19.0–ω IV 26.6–27.2 II α–15.4 III 11.7–ω V 46.4–47.2	I 19.0–ω IV 26.6–27.2 II α–15.4 III 11.7–ω V 47.3–ω	I 19.0–ω IV 26.6–27.3 II 15.5–15.9 III 11.7–ω V α–46.4	I 19.0–ω IV 26.6–27.3 II 15.5–15.9 III 11.7–ω V 46.5–47.3	I 19.0–ω IV 26.6–27.3 II 15.5–15.9 III 11.7–ω V 47.4–ω	I 19.0–ω IV 27.1–27.7 II 16.0–ω III 11.8–ω V α–46.9	I 19.0–ω IV 27.1–27.7 II 16.0–ω III 11.8–ω V 47.0–47.8	I 19.0–ω IV 27.1–27.7 II 16.0–ω III 11.8–ω V 47.9–ω
	I 19.0–ω IV α–26.5 II α–15.4 III 11.7–ω V α–45.1	I 19.0–ω IV α–26.5 II α–15.4 III 11.7–ω V 45.2–46.0	I 19.0–ω IV α–26.5 II α–15.4 III 11.7–ω V 46.1–ω	I 19.0–ω IV α–26.5 II 15.5–15.9 III 11.7–ω V α–45.4	I 19.0–ω IV α–26.5 II 15.5–15.9 III 11.7–ω V 45.5–46.3	I 19.0–ω IV α–26.5 II 15.5–15.9 III 11.7–ω V 46.4–ω	I 19.0–ω IV α–27.0 II 16.0–ω III 11.8–ω V α–46.2	I 19.0–ω IV α–27.0 II 16.0–ω III 11.8–ω V 46.3–47.1	I 19.0–ω IV α–27.0 II 16.0–ω III 11.8–ω V 47.2–ω
	I 19.0–ω IV 26.4–ω II α–15.4 III 11.2–11.6 V α–44.9	I 19.0–ω IV 26.4–ω II α–15.4 III 11.2–11.6 V 45.0–45.8	I 19.0–ω IV 26.4–ω II α–15.4 III 11.2–11.6 V 45.9–ω	I 19.0–ω IV 26.5–ω II 15.5–15.9 III 11.3–11.6 V α–45.6	I 19.0–ω IV 26.5–ω II 15.5–15.9 III 11.3–11.6 V 45.7–46.5	I 19.0–ω IV 26.5–ω II 15.5–15.9 III 11.3–11.6 V 46.6–ω	I 19.0–ω IV 26.6–ω II 16.0–ω III 11.3–11.7 V α–45.4	I 19.0–ω IV 26.6–ω II 16.0–ω IV 11.3–11.7 V 45.5–46.3	I 19.0–ω IV 26.6–ω II 16.0–ω III 11.3–11.7 V 46.4–ω
	I 19.0–ω IV 25.6–26.3 II α–15.4 III 11.2–11.6 V α–44.6	I 19.0–ω IV 25.6–26.3 II α–15.4 III 11.2–11.6 V 44.7–45.5	I 19.0–ω IV 25.6–26.3 II α–15.4 III 11.2–11.6 V 45.6–ω	I 19.0–ω IV 25.8–26.4 II 15.5–15.9 III 11.3–11.6 V α–44.7	I 19.0–ω IV 25.8–26.4 II 15.5–15.9 III 11.3–11.6 V 44.8–45.6	I 19.0–ω IV 25.8–26.4 II 15.5–15.9 III 11.3–11.6 V 45.7–ω	I 19.0–ω IV 25.8–26.5 II 16.0–ω III 11.3–11.7 V α–44.9	I 19.0–ω IV 25.8–26.5 II 16.0–ω III 11.3–11.7 V 45.0–45.8	I 19.0–ω IV 25.8–26.5 II 16.0–ω III 11.3–11.7 V 45.9–ω
	I 19.0–ω IV α–25.5 II α–15.4 III 11.2–11.6 V α–43.9	I 19.0–ω IV α–25.5 II α–15.4 III 11.2–11.6 V 44.0–44.8	I 19.0–ω IV α–25.5 II α–15.4 III 11.2–11.6 V 44.9–ω	I 19.0–ω IV α–25.7 II 15.5–15.9 III 11.3–11.6 V α–44.2	I 19.0–ω IV α–25.7 II 15.5–15.9 III 11.3–11.6 V 44.3–45.1	I 19.0–ω IV α–25.7 II 15.5–15.9 III 11.3–11.6 V 45.2–ω	I 19.0–ω IV α–25.7 II 16.0–ω III 11.3–11.7 V α–44.1	I 19.0–ω IV α–25.7 II 16.0–ω III 11.3–11.7 V 44.2–45.0	I 19.0–ω IV α–25.7 II 16.0–ω III 11.3–11.7 V 45.1–ω
	I 19.0–ω IV 25.4–ω II α–15.4 III α–11.1 V α–43.4	I 19.0–ω IV 25.4–ω II α–15.4 III α–11.1 V 43.5–44.3	I 19.0–ω IV 25.4–ω II α–15.4 III α–11.1 V 44.4–ω	I 19.0–ω IV 25.6–ω II 15.5–15.9 III α–11.2 V α–43.8	I 19.0–ω IV 25.6–ω II 15.5–15.9 III α–11.2 V 43.9–44.7	I 19.0–ω IV 25.6–ω II 15.5–15.9 III α–11.2 V 44.8–ω	I 19.0–ω IV 25.8–ω II 16.0–ω III α–11.2 V α–44.0	I 19.0–ω IV 25.8–ω II 16.0–ω III α–11.2 V 44.1–44.9	I 19.0–ω IV 25.8–ω II 16.0–ω III α–11.2 V 45.0–ω
	I 19.0–ω IV 24.7–25.3 II α–15.4 III α–11.1 V α–42.7	I 19.0–ω IV 24.7–25.3 II α–15.4 III α–11.1 V 42.8–43.6	I 19.0–ω IV 24.7–25.3 II α–15.4 III α–11.1 V 43.7–ω	I 19.0–ω IV 24.8–25.5 II 15.5–15.9 III α–11.2 V α–43.1	I 19.0–ω IV 24.8–25.5 II 15.5–15.9 III α–11.2 V 43.2–44.0	I 19.0–ω IV 24.8–25.5 II 15.5–15.9 III α–11.2 V 44.1–ω	I 19.0–ω IV 25.0–25.7 II 16.0–ω III α–11.2 V α–43.5	I 19.0–ω IV 25.0–25.7 II 16.0–ω III α–11.2 V 43.6–44.4	I 19.0–ω IV 25.0–25.7 II 16.0–ω III α–11.2 V 44.5–ω
	I 19.0–ω IV α–24.6 II α–15.4 III α–11.1 V α–42.0	I 19.0–ω IV α–24.6 II α–15.4 III α–11.1 V 42.1–42.9	I 19.0–ω IV α–24.6 II α–15.4 III α–11.1 V 43.0–ω	I 19.0–ω IV α–24.7 II 15.5–15.9 III α–11.2 V α–42.1	I 19.0–ω IV α–24.7 II 15.5–15.9 III α–11.2 V 42.2–43.0	I 19.0–ω IV α–24.7 II 15.5–15.9 III α–11.2 V 43.1–ω	I 19.0–ω IV α–24.9 II 16.0–ω III α–11.2 V α–42.2	I 19.0–ω IV α–24.9 II 16.0–ω III α–11.2 V 42.3–43.1	I 19.0–ω III α–24.9 II 16.0–ω III α–11.2 V 43.2–ω

3°. Relevé des cicatrices,

permettent de contrôler l'identité d'un individu à plusieurs années d'intervalle avec une certitude absolue, à tel point que les employés du service, quand ils découvrent le véritable nom d'un malfaiteur se dissimulant sous un faux état civil, ont la consigne d'éviter de faire connaître à ce dernier le résultat de leurs recherches, mais d'informer directement (par l'entremise du 2e bureau de la 1re division) les magistrats compétents, qui se trouvent ainsi renseignés sur la véritable identité de l'individu qu'on leur amène à l'insu de ce dernier.

Sur plus de 2,300 reconnaissances transmises ainsi jusqu'à ce jour (avril 1889), pas une n'a donné lieu à une confusion que, du reste, les réclamations de l'intéressé devant les magistrats instructeurs auraient immédiatement signalée.

Opérations effectuées. — Les chiffres donnés ci-dessous, nombre annuel total des individus examinés depuis la création du service jusqu'en décembre 1888, et nombre correspondant des individus reconnus pour avoir été examinés précédemment sous un autre état civil montrent l'extension toujours croissante des opérations de ce service :

ANNÉES	NOMBRE des SUJETS EXAMINÉS	NOMBRE des RÉCIDIVISTES RECONNUS sous faux noms
1882	225	»
1883	7,336	49
1884	10,398	241
1885	14,965	424
1886	15,703	352
1887	19,150	472
1888	31,849	615

Ce chiffre de 31,849, en l'année 1888, représente d'ailleurs la presque totalité des individus arrêtés pendant cette période pour délit de droit commun, et ayant passé par le Dépôt. L'effectif du personnel mis actuellement à la disposition du service permet, en effet, d'étendre le signalement anthropométrique aux 100 détenus qui traversent en moyenne le Dépôt chaque jour.

Pour procéder rapidement il est indispensable que l'agent qui mesure soit assisté d'un aide auquel il puisse dicter les chiffres obtenus sans avoir à quitter son instrument de mesurage.

Ainsi pratiquée à deux, la mensuration complète d'un individu exige deux minutes ; le relevé des cicatrices, marques particulières, tatouages, etc., trois minutes ; l'inscription des nom et prénoms, âge, etc., d'après les déclarations du sujet, deux minutes ; total pour l'opération entière : sept minutes ; soit 8 individus environ examinés par heure. D'où il résulte qu'en procédant sans interruption depuis 9 heures du matin jusqu'à midi il est possible à deux agents de prendre 24 signalements (8 × 3 = 24).

Quatre escouades de 2 agents suffisent donc pour relever une centaine de signalements avant midi. Il importe, en effet, pour ne pas gêner la marche des opérations de la justice, que tous les détenus à examiner le soient avant l'heure de l'ouverture des cabinets d'instruction et des tribunaux correctionnels.

Quant à l'après-midi, elle est suffisamment occupée par la copie et la classification des nouveaux documents, par les recherches dans les répertoires, par les réponses aux demandes des parquets de Paris et de province, etc.

Résultats obtenus. — Nos tableaux I et II relatent le nombre mensuel et par groupes d'âge des récidivistes signalés par le service pour avoir changé d'état civil pendant l'année 1887, à laquelle cet annuaire est spécialement consacré.

On constate que les malfaiteurs de profession ont appris, par leur expérience personnelle ou par des propos de prison, que le temps des changements de nom est passé. Dès maintenant, il arrive très souvent que des détenus sous faux nom, et précédemment mesurés, font rectifier d'eux-mêmes leur état civil en apprenant qu'ils vont être dirigés vers la salle de mensurations. Aussi nous a-t-il paru utile d'ajouter une rubrique pour l'enregistrement spécial de ce genre de rectification : *Individus reconnus pour avoir été mesurés antérieurement sous le même nom.* Leur nombre dépasse actuellement celui des reconnaissances proprement dites. Mieux vaut prévenir que réprimer.

Il importe également de faire ressortir que le service n'est mis à même d'examiner les individus arrêtés que le lendemain de leur incarcération, après qu'ils ont eu une nuit entière pour réfléchir sur leur situation et faire rectifier leur identité au greffe du Dépôt s'ils le jugent à propos.

De sorte que l'on peut dire que les 40 reconnaissances faites chaque mois par le service d'Identification n'auraient pu être faites par un autre procédé et correspondent au nombre d'individus qui, avant l'établissement du système, réussissaient à passer devant les tribunaux sous leur faux état civil (défalcation faite des rectifications qui de tout temps ont été suscitées par les magistrats instructeurs, mais les enquêtes de ce genre ne pouvaient se faire antérieurement sans dépenses pécuniaires et sans allonger considérablement le temps de l'instruction).

Une autre preuve de l'efficacité de la méthode anthropométrique résulte de la disparition complète des dissimulations d'identité dans les prisons autres que le Dépôt.

Tandis qu'en 1884 et 1885 le chiffre des reconnaissances faites dans les prisons, *après condamnation*, s'élevait de deux à trois cents par an, le nombre des reconnaissances de ce genre s'élève, pour l'année entière 1888, au chiffre de 14 sur lesquels 10 se rapportent à des individus qui, n'ayant jamais été mesurés antérieurement, ne pouvaient être reconnus par le service. Restent 4 omissions à répartir sur les 31,000 individus examinés dans l'année !

Motifs présumés des changements de noms. — En général, les motifs qui déterminent les malfaiteurs récidivistes à dissimuler leur identité sont peu dignes de sympathie.

Beaucoup cherchent simplement, en jouant des rôles de débutant, à adoucir la rigueur du tribunal ou même à obtenir une ordonnance de non-lieu. Quelques-uns, se sachant recherchés et quelquefois condamnés par défaut sous leur véritable nom, ne tiennent pas à cumuler. Il en est de même des individus en infraction à l'interdiction de séjour. Les autres sont des déserteurs ou des réfractaires qui, arrêtés pour un léger délit, ont un grand intérêt à ne pas être remis aux autorités militaires.

Équivalence d'une reconnaissance au point de vue de l'intérêt général. — Pour toutes les situations que nous venons d'énumérer (condamnations par défaut, désertions, évasions, etc.), la découverte du véritable état civil d'un détenu produit, au point de vue de l'intérêt général, le même résultat utile que celui qui serait amené par l'arrestation directe d'un déserteur, d'un évadé, d'un contumax.

Catégories de malfaiteurs qui y ont le plus souvent recours. — Certaines catégories de malfaiteurs semblent être beaucoup plus enclins que d'autres à changer de nom. Au premier rang de ceux-ci, il faut placer les voleurs à la tire, de race anglo-saxonne, dits *pick-pockets*. Tous les individus de cette espèce, sans exception, mesurés par le service et qui sont revenus depuis, avaient jugé à propos de changer leur premier état civil : résultat remarquable, le nombre des arrestations de voleurs de cette catégorie a toujours été en diminuant depuis la création du service d'Identification jusqu'à ce jour : de *65* en 1885 il est tombé à *52* en 1886, à *34* en 1887, et à *19* en 1888.

S'étant assurés par eux-mêmes qu'il leur était devenu impossible de dissimuler leurs antécédents en cas d'arrestation, craignant d'autre part la loi de relégation, ils préfèrent maintenant, de leurs propres aveux, le séjour des capitales étrangères.

Origine des noms d'emprunt. — Beaucoup de ces pseudonymes sont entièrement d'invention et ne correspondent à aucun acte de naissance. Parmi les noms empruntés, ce sont ceux des parents et notamment le nom de demoiselle de la mère, qui sont le plus employés. D'autres détenus, ne changeant que leurs prénoms, empruntent la personnalité d'un frère.

Ces derniers cas sont particulièrement intéressants en ce que les indications données par le détenu, relativement à l'état civil, la profession, les domiciles précédents, etc., existent en réalité, et que, par suite des ressemblances de famille très communes entre frères, il y a peu de fonds à faire sur les photographies antérieures. Les mensurations mêmes se rapprochent singulièrement entre frères. Dans les cas de ce genre, les preuves d'identité reposent principalement sur le relevé des cicatrices.

Signalons encore les cas assez rares où l'état civil faux, entièrement d'invention, est donné par un individu *non mesuré* antérieurement, indemne jusqu'à ce jour de toute condamnation et qui cherche par ce subterfuge à écarter l'opprobre du nom de sa famille. Il va de soi que ces cas, intéressants d'ailleurs, ne peuvent être dénoncés par le service.

Conséquence possible de la généralisation du système. — Les incarcérations précédentes d'un individu pouvant toujours être retrouvées d'une façon anonyme, au moyen de la classification anthropométrique, point ne serait besoin d'avoir recours au nom pour se procurer les antécédents judiciaires sans lesquels une appréciation équitable du délit ne peut d'ailleurs être faite.

Une des conséquences de l'extension de l'identification au reste de la France sera peut-être d'amener un jour, par une modification de notre législation pénale, l'établissement de condamnations anonymes qui réprimeront les infractions aux lois sans jeter le déshonneur sur le nom porté par toute une famille, sans mettre obstacle au relèvement futur du coupable.

DOCUMENTS ANTHROPOMÉTRIQUES.

Avant ses applications policières, l'anthropométrie avait été utilisée à la solution d'un certain nombre de problèmes qui relèvent autant des mathématiques que de l'histoire naturelle. L'école d'anthropologie dont notre père, MM. Quatrefages et Broca ont été en France les fondateurs, l'a préconisée comme moyen d'investigation dans les études de race, d'hygiène de l'enfance, etc. Les nouvelles théories des criminalistes italiens sont, sur bien des points, étayées sur des observations ostéométriques.

Ces considérations nous ont amené à résumer, dans les tableaux ci-joints, les documents anthropométriques accumulés dans les archives du service d'Identification.

Nous espérons qu'ils fourniront aux anthropologistes qui s'occupent de ces questions des faits d'une précision indiscutable. A cet avantage, ils joindront celui de donner les éléments de la théorie mathématique du signalement anthropométrique et de montrer sur quelles données nous opérons.

Ces tables, au nombre de cinq, proviennent de l'observation de 8,365 sujets, *nés à Paris*. Il y a donc, autant que possible, unité d'origine (1).

---

(1) Nous devons en excepter les renseignements relatifs à la hauteur d'entre-jambes qui proviennent d'observations, au nombre de 600, faites, à titre d'essai, à la prison de Versailles, sur des *Français* sans distinction du département d'origine.

Le tableau A nous indique la longueur moyenne de chacune des douze indications pour lesquelles nous avons des renseignements, par âge, d'année en année jusqu'à 29 ans, et au delà par période quinquennale.

Nous avons indiqué, dans chaque colonne, par des chiffres un peu plus gras, les limites où chaque mensuration semble être arrivée au terme de sa croissance. Ce renseignement présente un très grand intérêt pour l'interprétation des signalements et l'identification des jeunes gens de moins de 21 ans.

On remarquera également qu'il n'y a guère de mensurations qui ne subissent quelques légères altérations dans un sens ou dans l'autre avec les progrès de l'âge.

Il importait au même titre, pour l'interprétation des signalements anthropométriques à un grand nombre d'années d'intervalle, d'être fixé sur le sens et la valeur intrinsèque de ces dernières modifications.

Le tableau B est un résumé du premier par groupes d'âges plus étendus.

Le tableau C donne la dimension moyenne de chaque mensuration par catégorie de taille de 5 en 5 centimètres.

Le tableau D reproduit les mêmes indications relevées par catégorie de longueur de pied, centimètre par centimètre.

Le tableau E donne la solution de la réciproque du tableau C : *étant données les différentes longueurs de nos diverses mensurations, quelle est la taille probable correspondante?*

Ce dernier tableau fournit, dans les cas de dépeçage criminel, les éléments nécessaires pour reconstituer la taille probable de la victime.

Il est suivi de trois tableaux analogues qui donnent la taille probable en partant de la connaissance de *deux* éléments :

1° Le tableau F, en supposant connus le pied et la coudée;

2° Le tableau G, en supposant connus le pied et le médius;

3° Le tableau H, en supposant connus les deux diamètres céphaliques.

PIÈCES ANNEXES.

Application d'un nouveau système de signalement. — Envoi d'une brochure explicative.

Paris, le 13 novembre 1885.

Monsieur le Directeur,

Un grand intérêt s'attache, vous le savez, aux moyens de déterminer avec certitude l'identité des hommes qui se mettent en révolte contre la loi et cherchent à se dérober à l'action de la justice.

La facilité croissante des moyens de communication, la rapidité des déplacements, la multiplicité des relations entre les diverses parties d'un même pays et les pays différents, enfin le développement de la récidive en quelque sorte professionnelle, obligent à rechercher à contenir plus efficacement que jamais les malfaiteurs d'habitude.

Les photographies ont été jusqu'ici d'une très grande utilité pour la recherche des identités. Mais il était difficile d'opérer le classement des épreuves dans un ordre permettant de retrouver celles qui s'appliquaient à des individus condamnés sous de faux noms.

On a donc songé à classer les photographies d'après des mesures prises sur la personne du détenu. Partant de ce système, on a réussi à établir l'identité même à défaut des photographies, qui en nombre de cas ne pouvaient servir que de moyen de contrôle sans fournir d'indications sur le nom de l'individu à rechercher.

Ainsi a été commencée l'organisation d'un service d'identification. Je vous adresse, pour expliquer la méthode et les procédés à suivre, un exemplaire de l'étude intitulée : *Instructions signalétiques, identification et classification anthropométrique*.

Très prochainement, il vous sera remis par l'intermédiaire du personnel des transfèrements cellulaires un compas anthropométrique et un pied à bec gradué. Ces instruments seront à employer suivant les indications contenues dans la brochure que je vous prie d'examiner avec soin et de faire étudier par ceux de vos collaborateurs qui auront à surveiller ou à mettre en pratique les opérations de mensuration qui, jusqu'à nouvel ordre, devront se borner aux indications des rubriques du nouveau registre d'écrou, savoir : celles relatives au diamètre de la tête, au pied et au médius, ainsi qu'au profil du nez et à la couleur des yeux.

Des instructions pourront vous être envoyées ultérieurement sur certains détails d'application.

Recevez, Monsieur le Directeur, etc.

LE MINISTRE DE L'INTÉRIEUR.

Par délégation :

Le conseiller d'État, directeur de l'Administration pénitentiaire,

HERBETTE.

Disposition à prendre pour la complète mise en pratique du système des signalements anthropométriques.

Paris, 28 août 1888.

Monsieur le Directeur,

Vous savez toute l'importance que j'attache à l'entière application du système des signalements anthropométriques dans les divers établissements pénitentiaires.

Vous avez été mis en possession, dans le courant de l'année dernière, d'une série complète d'instruments de mensuration et d'un volume spécial d'instructions signalétiques. Depuis cette époque, le personnel que vous dirigez a pu et dû sans peine se familiariser avec la pratique de la méthode d'identification individuelle.

Il importe de constituer à Paris la collection de signalements classés d'après les mensurations dans un ordre tel qu'il soit toujours possible de retrouver chaque individu à l'aide des indications chiffrées sans avoir à se préoccuper des noms fournis.

La période d'essai est close, l'épreuve est décisive et probante. L'organisation nouvelle doit donc être complétée sans atermoiements. Aussi bien elle ne rendra tous les services qu'on a droit d'en attendre qu'à dater du moment où seront recueillis, centralisés, communiqués selon les besoins tous signalements nécessaires à grouper.

Pour procéder par ordre, je vous invite à m'adresser dorénavant, de manière régulière, au commencement de chaque mois, les signalements anthropométriques des détenus libérables dans le cours du mois suivant et des détenus libérés ou transférés (par mesure inopinée) d'un établissement à l'autre dans le mois précédent.

Les signalements devront être expédiés en double sur des fiches exactement conformes comme format et disposition typographique aux modèles qui figurent sous le n° 141 (fiches alphabétiques et par mensuration) du bordereau d'imprimés fournis par la maison centrale de Melun. Ils seront adressés à mon ministère sous le timbre du 5e bureau de la direction de l'Administration pénitentiaire.

Je tiens à exprimer mes remerciements pour les collaborateurs de mon administration qui, s'inspirant de l'esprit de mes précédentes circulaires, ont secondé le développement de la nouvelle méthode des signalements, et je serai heureux de connaître les noms de ceux qui, même dans les rangs les plus modestes, auront fait preuve à cet égard de zèle et de mérite.

Recevez, Monsieur le Directeur, l'assurance de ma considération distinguée.

Le conseiller d'État, directeur de l'Administration pénitentiaire,

HERBETTE.

TABLEAU A. — *Dimensions moyennes de chaque mensuration par âge.*

AGES	TAILLE	DEMI-ÉCARTS de la moitié	DEMI-ÉCARTS des 9/10	DEMI-ÉCARTS du total des cas	NOMBRE DES CAS	ENVERGURE	BUSTE	ENTRE-JAMBES	COUDÉE	PIED	LONGUEUR DE TÊTE	LARGEUR DE TÊTE	MÉDIUS	AURICULAIRE	LONGUEUR D'OREILLE	LARGEUR D'OREILLE
	mètres	mètres	mètres	mètres		mètres	mètres		mètres	mètres	mètres	mètres	mètres	mètres	mètres	mètres
De α à 9 ans	1,190	0,05	0,135	0,205	68	1,168	0,6661	Documents en nombre insuffisant.	0,3097	0,1939	0,1753	0,1446	0,0816	0,0623	0,0559	0,0349
10 ans	1,267	0,044	0,09	0,155	70	1,246	0,6960		0,3296	0,2040	0,1780	0,1466	0,0855	0,0650	0,0566	0,0354
11 ans	1,320	0,05	0,102	0,15	95	1,306	0,7173		0,3475	0,2146	0,1777	0,1460	0,0894	0,0683	0,0572	0,0352
12 ans	1,359	0,0435	0,1087	0,165	107	1,345	0,7332		0,3558	0,2204	0,1780	0,1464	0,0918	0,0699	0,0579	0,0353
13 ans	1,424	0,048	0,1087	0,165	106	1,417	0,7639		0,3769	0,2312	0,1807	0,1482	0,0962	0,0735	0,0594	0,0358
14 ans	1,466	0,058	0,1275	0,225	161	1,468	0,7764		0,3955	0,2396	0,1814	0,1480	0,0998	0,0770	0,0596	0,0354
15 ans	1,540	0,051	0,136	0,22	237	1,550	0,8092		0,4131	0,2491	0,1832	0,1496	0,1059	0,0816	0,0602	0,0355
16 ans	1,582	0,047	0,13	0,28	493	1,602	0,8330		0,4305	0,2530	0,1843	0,1507	0,1089	0,0839	0,0605	0,0355
17 ans	1,614	0,0425	0,1095	0,21	676	1,640	0,8525		0,4382	0,2562	0,1856	0,1519	0,1113	0,0861	0,0606	0,0357
18 ans	1,627	0,040	0,103	0,195	714	1,660	0,8654		0,4442	0,2568	0,1859	0,1523	0,1122	0,0871	**0,0611**	**0,0358**
19 ans	1,639	0,0455	0,0995	0,185	717	1,674	0,8699		0,4460	**0,2572**	**0,1862**	0,1526	0,1125	0,0873	0,0611	0,0358
20 ans	1,640	0,041	0,103	0,205	614	1,670	0,8728		0,4453	0,2559	0,1864	**0,1533**	0,1122	0,0871	0,0613	0,0359
21 ans	1,646	0,0415	0,111	0,22	475	**1,681**	**0,8773**		**0,4480**	0,2577	0,1863	0,1533	**0,1128**	**0,0876**	0,0615	0,0358
22 ans	1,641	0,046	0,11	0,225	274	1,673	0,8732		0,4455	0,2564	0,1868	0,1538	0,1124	0,0873	0,0615	0,0363
23 ans	**1,647**	0,044	0,1165	0,185	291	1,683	0,8765		0,4475	0,2571	0,1868	0,1534	0,1130	0,0874	0,0616	0,0364
24 ans	1,644	0,044	0,1105	0,23	254	1,682	0,8745		0,4462	0,2566	0,1872	0,1535	0,1128	0,0871	0,0619	0,0365
25 ans	1,646	0,043	0,1025	0,175	284	1,679	0,8789		0,4477	0,2566	0,1859	0,1540	0,1128	0,0878	0,0617	0,0364
26 ans	1,648	0,05	0,105	0,185	305	1,682	0,8827		0,4493	0,2572	0,1869	0,1536	0,1128	0,0878	0,0621	0,0365
27 ans	1,643	0,041	0,11	0,165	280	1,681	0,8755		0,4473	0,2559	0,1868	0,1537	0,1126	0,0877	0,0623	0,0366
28 ans	1,653	0,0415	0,096	0,15	251	1,689	0,8814		0,4498	0,2581	0,1866	0,1540	0,1139	0,0887	0,0321	0,0366
29 ans	1,645	0,048	0,1085	0,19	214	1,682	0,8780		0,4493	0,2570	0,1868	0,1540	0,1136	0,0884	0,0624	0,0370
De 30 à 34 ans	1,644	0,0425	0,10	0,18	712	1,680	0,8770		0,4478	0,2563	0,1871	0,1545	0,1131	0,0877	0,0625	0,0370
De 35 à 39 ans	1,637	0,047	0,107	0,20	306	1,673	0,8750		0,4474	0,2563	0,1872	0,1540	0,1134	0,0880	0,0630	0,0371
De 40 à 44 ans	1,637	0,040	0,10	0,185	257	1,675	0,8734		0,4466	0,2559	0,1870	0,1540	0,1132	0,0878	0,0639	0,0377
De 45 à 49 ans	1,623	0,0395	0,0965	0,155	160	1,661	0,8689		0,4441	0,2540	0,1874	0,1536	0,1129	0,0876	0,0642	0,0367
De 50 à 54 ans	1,623	0,043	0,099	0,15	77	1,670	0,8657		0,4487	0,2558	0,1874	0,1531	0,1143	0,0892	0,0658	0,0383
De 55 à 59 ans	1,618	0,0375	0,10	0,125	71	1,666	0,8666		0,4463	0,2541	0,1887	0,1523	0,1139	0,0891	0,0660	0,0385
De 60 à ω ans	1,613	0,044	0,105	0,145	69	1,655	0,8564		0,4448	0,2523	0,1890	3,1523	0,1136	0,0888	0,0676	0,0388

TABLEAU B. — *Dimensions moyennes de chaque mensuration par grands groupes d'âges.*

GROUPES D'AGES	NOMBRES MAXIMUM des cas observés	TAILLE	ENVERGURE	BUSTE	ENTRE-JAMBES	COUDÉE	PIED	LONGUEUR DE TÊTE	LARGEUR DE TÊTE	MÉDIUS	AURICULAIRE	LONGUEUR D'OREILLE	LARGEUR D'OREILLE
		mètres	mètres	mètres	mètres	mètres	mètres	mètres	mètres	mètres	mètres	mètres	mètres
De 12 à 17 ans .... »	1.780	1,556	1,571	0,8214	»	0,4229	0,2500	0,1838	0,1503	0,1069	0,0826	0,0597	0,0355
De 18 à 21 ans	2.520	1,637	1,670	0,8709	»	0,4457	0,2568	0,1860	0,1528	0,1124	0,0873	0,0612	0,0358
De 22 à 25 ans	1.132	1,644	1,679	0,8759	0,801	0,4468	0,2567	0,1866	0,1536	0,1128	0,0874	0,0616	0,0364
De 26 à 44 ans	2.695	1,643	1,679	0,8773		0,4480	0,2565	0,1870	0,1540	0,1132	0,0880	0,0626	0,0369
De 45 à 59 ans	380	1,622	1,664	0,8674	»	0,4460	0,2545	0,1877	0,1532	[0,1136	0,0884	0,0653	0,0378
De 60 ans et au-dessus	95	1,613	1,655	0,8564	»	0,4448	0,2523	0,1890	0,1523	0,1136	0,0888	0,0676	0,0388
Demi-écarts d'après les observations du groupe de 26 à 44 ans:													
De la moitié	1.347	0,045	0,05	0,021	0,030	0,0142	0,008	0,004	0,00375	0,0026	0,0032	0,0026	0,0018
Des 9/10es	2.425	0,1045	0,1195	0,0507	0,074	0,033	0,0195	0,01025	0,0091	0,0090	0,0078	0,0065	0,00445
Du total des cas	2.695	0,215	0,25	0,10	0,14	0,067	0,048	0,021	0,0195	0,0225	0,019	0,0175	0,00875

TABLEAU C. — *Dimensions moyennes de chaque mensuration par*

TAILLES PAR GROUPES de 5 EN 5 CENTIMÈTRES	NOMBRE DES OBSERVATIONS de chaque mensuration (l'entrejambes excepté) par groupe de tailles	NOMBRE des OBSERVATIONS SPÉCIALES à l'entrejambes par groupe de tailles	MOYENNE ARITHMÉTIQUE de la taille pour chaque groupe	TAILLE		ENVERGURE		HAUTEUR DU BUSTE		ENTREJAMBES	
				Moyenne	Si taille = 100	Moyenne	Si taille = 100	Moyenne	Si taille = 100	Moyenne	Si taille = 100
			mètres.	mètres.		mètres.		mètres.		mètres.	
1m 43 à 47	21	7	1,4591	»	»	1,504	103,1	0,808	55,38	0,691	47,36
1 48 à 52	128	22	1,5125	»	»	1,546	102,2	0,830	54,87	0,719	47,52
1 53 à 57	522	68	1,559	»	»	1,597	102,4	0,846	54,28	0,746	47,85
1 58 à 62	1.045	154	1,6069	»	»	1,643	102,2	0,864	53,78	0,778	48,41
1 63 à 67	1.177	212	1,6545	»	»	1,689	102,1	0,880	53,19	0,805	48,49
1 68 à 72	800	139	1,703	»	»	1,736	102,0	0,900	52,85	0,834	48,96
1 73 à 77	313	59	1,751	»	»	1,783	101,8	0,915	52,25	0,865	49,40
1 78 à 82	65	8	1,7973	»	»	1,821	101,4	0,934	51,88	0,884	49,20
1 83 à 87	6	3	1,8433	»	»	1,852	100,5	0,945	51,28	0,892	48,40
Demi-écarts d'après les observations du groupe de taille : 1m 63 à 67 :											
Pour la moitié	»	»	»	»		0,0275		0,0135		0,015	
Pour les 9/10es	»	»	»	»		0,0675		0,034		0,0335	
Pour la totalité des cas	»	»	»	»		0,145		0,075		0,055	

TABLEAU D. — *Dimensions moyennes de chaque mensuration par*

PIEDS PAR GROUPES de 10 EN 10 MILLIMÈTRES	NOMBRE DES OBSERVATIONS de chaque mensuration (l'entrejambes excepté) par groupe de pieds	NOMBRE des OBSERVATIONS SPÉCIALES à l'entrejambes par groupe de pieds	MOYENNE ARITHMÉTIQUE de chaque groupe de pieds	TAILLE		ENVERGURE		HAUTEUR DU BUSTE		ENTREJAMBES	
				Moyenne	Si pied = 100	Moyenne	Si pied = 100	Moyenne	Si pied = 100	Moyenne	Si pied = 100
			millimètres.	mètres.		mètres.		mètres.		mètres.	
α à 219	9	»	215,9	1,5475	717,0	1,561	723,0	0,820	379.8	»	»
220 à 229	42	13	222,6	1,5237	684,0	1,529	686.5	0,832	373,7	0,717	322,0
230 à 239	253	42	236,0	1,5600	661,0	1,582	670,0	0,844	357,6	0,739	313,0
240 à 249	869	100	245,6	1,5981	650,5	1,624	661,0	0,859	349,7	0,772	314,3
250 à 259	1.367	219	255,1	1,6318	640,7	1,670	654,5	0,874	342,6	0,796	312,0
260 à 269	1.098	182	264,5	1,6740	632,8	1,712	647,2	0,888	335,8	0,817	308,9
270 à 279	479	76	273,9	1,7129	625,4	1.758	641.9	0,902	329,4	0,844	308,2
280 à 289	121	16	283.6	1,7359	612,0	1,794	632,5	0,911	321,3	0,857	302,2
290 à ω	18	4	294,5	1,7909	608,0	1,844	625,0	0,939	318,9	0,887	301,1
Demi-écarts d'après les observations du groupe de pieds 250 à 259 :											
Pour la moitié	»	»	»	0,031		0,0335		0,048		0,0235	
Pour les 9/10es	»	»	»	0,0737		0,0817		0,0425		0,053	
Pour la totalité des cas	»	»	»	0,150		0,175		0,09		0,10	

roupes de tailles de 5 en 5 centimètres. (Parisiens de 21 à 44 ans.)

COUDÉE		PIED		LONGUEUR DE TÊTE		LARGEUR DE TÊTE		MÉDIUS		AURICULAIRE		LONGUEUR D'OREILLE		LARGEUR D'OREILLE	
yenne	Si taille = 100	Moyenne	Si taille = 100	Moyenne	Si taille = 100	Moyenne	Si taille = 100	Moyenne	Si taille = 100	Moyenne	Si taille = 100	Moyenne	Si taille = 100	Moyenne	Si taille = 100
ètres.		mètres.		mètres.		mètres.		mètres.		mètres.		mètres.		mètres.	
4025	27,59	0,2345	16,08	0,1834	12,57	0,1516	10,39	0,1031	7,065	0,0802	5,50	0,0598	4,40	0,0368	2,52
4135	27,34	0,2386	15,77	0,1828	12,03	0,1515	10,02	0,1057	6,986	0,0822	5,43	1,0607	4,01	0,0359	2,34
4259	27,31	0,2447	15,70	0,1846	11,84	0,1524	9,77	0,1082	6,940	0,0840	5,39	0,0607	3,894	0,0361	2,315
4383	27,27	0,2522	15,69	0,1860	11,58	0,1531	9.53	0,1111	6,915	0,0863	5,37	0,0616	3,834	0,0364	2,265
4503	27,22	0,2576	15,57	1,1871	11,31	0,1541	9,31	0,1133	6,848	0,0880	5,32	0,0622	3,76	0,0367	2,22
4629	27,17	0,2645	15,53	0,1880	11,04	0,1548	9,09	0,1163	6,829	0,0917	5,38	0,0633	3,72	0,0371	2,18
4743	27,09	0,2715	15,50	0,1897	10.83	0,1539	8,90	0,1186	6,772	0,0920	5,255	0,0640	3,635	0,0374	2,136
4833	26,90	0,2766	15,40	0,1914	10,65	0,1548	8,61	0,1216	6,766	0,0941	5.24	0 0646	3,595	0,0383	2.13
4980	27,02	0,2865	15,54	0,1900	10,31	0,1558	8,45	0,1285	6,970	0,0995	5,40	0,0647	3,51	0,0385	2,09
0,0085		0,0058		0,0038		0,0036		0,00295		0,00282		0,0024		0,00185	
0,0213		0,014		0,0094		0,00905		0,0069		0,0067		0,00595		0,00445	
0,050		0,032		0,0205		0,0185		0,014		0,014		0,015		0,009	

oupes de pieds de centimètre en centimètre. (Parisiens de 21 à 44 ans.)

COUDÉE		PIED		LONGUEUR DE TÊTE		LARGEUR DE TÊTE		MÉDIUS		AURICULAIRE		LONGUEUR D'OREILLE		LARGEUR D'OREILLE	
enne	Si pied = 100	Moyenne	Si pied = 100	Moyenne	Si pied = 100	Moyenne	Si pied — 100	Moyenne	Si pied = 100	Moyenne	Si pied = 100	Moyenne	Si pied = 100	Moyenne	Si pied = 100
res.		mètres.		mètres.		mètres.		mètres.		mètres.		mètres.		mètres.	
044	187,3	»	»	0,1778	82,35	0,1504	69,66	0,1028	47,61	0,0783	36,26	0,0570	26,40	0,0348	16,12
078	183,1	»	»	0,1808	81,20	0,1496	67,19	0,1032	46,35	0,0790	35,48	0,0585	26,28	0,0359	16,12
185	177,3	»	»	0,1837	77,80	0,1520	64,40	0,1054	44,65	0,0817	34,61	0,0603	25,55	0,0360	15,25
317	175,7	»	»	0,1854	75,35	0,1527	62,16	0,1090	44,37	0,0846	34,45	0,0613	24,95	0,0364	14,82
438	173,9	»	»	0,1866	73,12	0,1538	60,29	0,1122	43,97	0,0870	34,10	0,0620	24,30	0,0365	14,30
574	172,9	»	»	0,1878	71,00	0,1546	58,44	0,1157	43,73	0,0900	34,03	0,0631	23,86	0,0370	13,98
708	171,9	»	»	0.1916	69,95	0,1554	56,73	0,1189	43,41	0,0925	33,78	0,0635	23,19	0,0373	13,62
792	168,9	»	»	0,1912	67,42	0,1568	55,29	0,1220	43,01	0,0951	33,54	0,0648	22,85	0,0382	13,47
56	168,3	»	»	0,1913	64,95	0,1558	53,23	0,1272	43,19	0,0964	32,75	0,0651	22,10	0,0386	13,10
0,0087		»		0,00375		0,00372		0,0023		0,00235		0,00245		0,0019	
0,0206		»		0,0098		0,00885		0,0059		0,00565		0,0062		0,0046	
0,048		»		0,023		0,019		0,0135		0,0125		0,013		0,009	

TABLEAU E. — *Étant donnée une mensuration, quelle est la taille probable correspondante.* (Parisiens de 21 à 44 ans.)

ENVERGURE

ENVERGURES par groupes de 5 en 5 centimètres	MOYENNE ARITHMÉTIQUE de chaque groupe	TAILLE PROBABLE correspondante	COEFFICIENT de reconstitution de LA TAILLE	DEMI-ÉCART			NOMBRE DES CAS
				DE LA MOITIÉ	DES 9/10es	DU TOTAL des cas	
mètres	mètres	mètres		mètres	mètres	mètres	
α à 1,499	1,469	1,492	1,096	0,0225	0,0500	0,055	24
1,500 à 1,549	1,524	1,528	1,003	0,0280	0,0640	0,105	117
1,550 à 1,599	1,573	1,565	0,995	0,0230	0,0565	0,105	339
1,600 à 1,649	1,621	1,600	0,987	0,0240	0,0585	0,115	808
1,650 à 1,699	1,669	1,636	0,980	0,0240	0,0565	0,125	1.018
1,700 à 1,749	1,717	1,673	0,974	0,0255	0,0600	0,150	928
1,750 à 1,799	1,765	1,711	0,969	0,0245	0,0585	0,125	501
1,800 à 1,849	1,815	1,744	0,961	0,0285	0,0665	0,100	201
1,850 à ω	1,866	1,777	0,952	0,0290	0,0800	0,105	50

BUSTE

BUSTES par groupes de 5 en 5 centimètres	MOYENNE ARITHMÉTIQUE de chaque groupe	TAILLE PROBABLE correspondante	COEFFICIENT de reconstitution de LA TAILLE	DEMI-ÉCART			NOMBRE DES CAS
				DE LA MOITIÉ	DES 9/10es	DU TOTAL des cas	
mètres	mètres	mètres		mètres	mètres	mètres	
α à 0,799	0,7900	1,495	1,893	0,0275	»	0,055	15
0,800 à 0,849	0,8338	1,574	1,888	0,0325	0,0745	0,160	451
0,850 à 0,899	0,8748	1,639	1,874	0,0320	0,0775	0,175	1.370
0,900 à 0,949	0,9163	1,711	1,868	0,0295	0,0720	0,130	534
0,950 à ω	0,9591	1,769	1,844	0,0285	0,0950	0,100	27

ENTREJAMBES

ENTREJAMBES par groupes de 5 en 5 centimètres	MOYENNE ARITHMÉTIQUE de chaque groupe	TAILLE PROBABLE correspondante	COEFFICIENT de reconstitution de LA TAILLE	DEMI-ÉCART			NOMBRE DES CAS
				DE LA MOITIÉ	DES 9/10es	DU TOTAL des cas	
mètres	mètres	mètres		mètres	mètres	mètres	
α à 0,699	0,6823	1,492	2,187	0,0300	»	0,060	9
0,700 à 0,749	0,7279	1,548	2,128	0,0230	0,0605	0,085	71
0,750 à 0,799	0,7772	1,619	2,083	0,0235	0,0570	0,095	240
0,800 à 0,849	0,8217	1,676	2,040	0,0220	0,0560	0,140	259
0,850 à 0,899	0,8677	1,734	1,998	0,0205	0,0515	0,070	86
0,900 à ω	0,9128	1,803	1,975	0,0200	»	0,065	6

TABLEAU E (Suite). — *Étant donnée une mensuration, quelle est la taille probable correspondante.* (Parisiens de 21 à 44 ans.)

COUDÉE

COUDÉES PAR GROUPES de 2 en 2 centimètres	MOYENNE ARITHMÉTIQUE de chaque groupe	TAILLE PROBABLE correspondante	COEFFICIENT de reconstitution de LA TAILLE	DEMI-ÉCART DE LA MOITIÉ	DEMI-ÉCART DES 9/10es	DEMI-ÉCART DU TOTAL des cas	NOMBRE DES CAS
millimètres	mètres	mètres		mètres	mètres	mètres	
α à 399	0,3932	1,504	3,825	0,0350	0,0665	0,100	30
400 à 419	0,4126	1,552	3,762	0,0252	0,0630	0,110	203
420 à 439	0,4308	1,600	3,715	0,0265	0,0675	0,135	747
440 à 459	0,4494	1,649	3,670	0,0285	0,0705	0,145	946
460 à 479	0,4679	1,695	3,624	0,0295	0,0685	0,135	609
480 à 499	0,4869	1,746	3,586	0,0275	0,0650	0,125	147
500 à ω	0,5076	1,788	3,523	0,0400	»	0,100	13

PIED

PIEDS PAR GROUPES de 10 en 10 millimètres	MOYENNE ARITHMÉTIQUE de chaque groupe	TAILLE PROBABLE correspondante	COEFFICIENT de reconstitution de LA TAILLE	DEMI-ÉCART DE LA MOITIÉ	DEMI-ÉCART DES 9/10es	DEMI-ÉCART DU TOTAL des cas	NOMBRE DES CAS
millimètres	mètres	mètres		mètres	mètres	mètres	
α à 229	0,2235	1,528	6,837	0,0290	0,0885	0,105	46
230 à 239	0,2355	1,560	6,624	0,0250	0,0830	0,155	241
240 à 249	0,2451	1,598	6,518	0,0305	0,0755	0,170	823
250 à 259	0,2546	1,635	6,420	0,0310	0,0737	0,150	1.292
260 à 269	0,2640	1,674	6,340	0,0315	0,0740	0,165	1.017
270 à 279	0,2734	1,713	6,265	0,0300	0,0765	0,130	445
280 à ω	0,2846	1,743	6,124	0,0312	0,0825	0,155	129

LONGUEUR DE TÊTE

LONGUEURS DE TÊTE PAR GROUPES de 5 en 5 millimètres	MOYENNE ARITHMÉTIQUE de chaque groupe	TAILLE PROBABLE correspondante	COEFFICIENT de reconstitution de LA TAILLE	DEMI-ÉCART DE LA MOITIÉ	DEMI-ÉCART DES 9/10es	DEMI-ÉCART DU TOTAL des cas	NOMBRE DES CAS
millimètres	mètres	mètres		mètres	mètres	mètres	
α à 174	0,1718	1,605	9,34	0,0515	0,1100	0,150	103
175 à 179	0,1774	1,617	9,11	0,0440	0,1050	0,195	349
180 à 184	0,1822	1,630	8,94	0,0420	0,1010	0,200	952
185 à 189	0,1869	1,630	8,72	0,0430	0,1010	0,210	1.330
190 à 194	0,1916	1,658	8,65	0,0415	0,1015	0,205	894
195 à 199	0,1964	1.676	8,53	0,0505	0,1040	0,195	355
200 à ω	0,2021	1,684	8,33	0,0485	0,1200	0,155	89

TABLEAU E (Suite). — *Étant donnée une mensuration, quelle est la taille probable correspondante.* (Parisiens de 21 à 44 ans.)

LARGEUR DE TÊTE

LARGEURS DE TÊTE PAR GROUPES de 5 en 5 millimètres	MOYENNE ARITHMÉTIQUE de chaque groupe	TAILLE PROBABLE correspondante	COEFFICIENT de reconstitution de LA TAILLE	DEMI-ÉCART DE LA MOITIÉ	DEMI-ÉCART DES 9/10es	DEMI-ÉCART DU TOTAL des cas	NOMBRE DES CAS
millimètres	mètres	mètres		mètres	mètres	mètres	
α à 139	0,1375	1,550	11,27	0,0500	»	0,135	12
140 à 144	0,1425	1,613	11,32	0,0485	0,1045	0,170	133
145 à 149	0,1474	1,627	11,04	0,0442	0,0980	0,185	710
150 à 154	0,1521	1,640	10,78	0,0440	0,1085	0,215	1.395
155 à 159	0,1568	1,652	10,54	0,0430	0,1055	0,210	1.217
160 à 164	0,1615	1,662	10,30	0,0450	0,1080	0,225	482
165 à ω	0,1665	1,667	10,01	0,0385	0,0965	0,200	123

MÉDIUS

MÉDIUS PAR GROUPES de 5 en 5 millimètres	MOYENNE ARITHMÉTIQUE de chaque groupe	TAILLE PROBABLE correspondante	COEFFICIENT de reconstitution de LA TAILLE	DEMI-ÉCART DE LA MOITIÉ	DEMI-ÉCART DES 9/10es	DEMI-ÉCART DU TOTAL des cas	NOMBRE DES CAS
millimètres	mètres	mètres		mètres	mètres	mètres	
α à 99	0,0973	1,499	15,40	0,0350	0,0775	0,105	21
100 à 104	0,1027	1,562	15,21	0,0280	0,0860	0,130	207
105 à 109	0,1074	1,601	14,91	0,0350	0,0825	0,160	827
110 à 114	0,1120	1,635	14,60	0,0345	0,0845	0,200	1.445
115 à 119	0,1167	1,675	14,36	0,0350	0,0845	0,160	1.042
120 à 124	0,1214	1,707	14,06	0,0315	0,0775	0,170	407
125 à ω	0,1271	1,748	13,75	0,0360	0,1015	0,155	86

AURICULAIRE

AURICULAIRES PAR GROUPES de 5 en 5 millimètres	MOYENNE ARITHMÉTIQUE de chaque groupe	TAILLE PROBABLE correspondante	COEFFICIENT de reconstitution de LA TAILLE	DEMI-ÉCART DE LA MOITIÉ	DEMI-ÉCART DES 9/10es	DEMI-ÉCART DU TOTAL des cas	NOMBRE DES CAS
millimètres	mètres	mètres		mètres	mètres	mètres	
α à 74	0,07242	1,542	21,29	0,0450	»	0,07	11
75 à 79	0,07767	1,564	20,14	0,0380	0,0940	0,16	142
80 à 84	0,08250	1,603	19,43	0,0365	0,0860	0,17	797
85 à 89	0,08702	1,637	18,81	0,0382	0,0915	0,20	1.507
90 à 94	0,09168	1,675	18,27	0,0360	0,0885	0,17	1.013
95 à 99	0,09630	1,708	17,74	0,0340	0,0910	0,17	290
100 à ω	0,10153	1,751	17,25	0,0400	0,1000	0,14	34

TABLEAU E (Suite et fin). — *Étant donnée une mensuration, quelle est la taille probable correspondante.* (Parisiens de 21 à 44 ans.)

LONGUEUR D'OREILLE

LONGUEURS D'OREILLE PAR GROUPES de 5 en 5 millimètres	MOYENNE ARITHMÉTIQUE de chaque groupe	TAILLE PROBABLE correspondante	COEFFICIENT de reconstitution de LA TAILLE	DEMI-ÉCART DE LA MOITIÉ	DEMI-ÉCART DES 9/10es	DEMI-ÉCART DU TOTAL des cas	NOMBRE DES CAS
millimètres	mètres	mètres		mètres	mètres	mètres	
α à 54	0,05270	1,590	30,18	0,0303	0,1100	0,150	64
55 à 59	0,05768	1,624	28,16	0,0415	0,1030	0,230	642
60 à 64	0,06202	1,643	26,48	0,0430	0,1020	0,195	1.458
65 à 69	0,06636	1,660	25,02	0,0455	0,1110	0,205	664
70 à ω	0,07157	1,696	23,70	0,0422	0,0915	0,190	108

LARGEUR D'OREILLE

LARGEURS D'OREILLE PAR GROUPES de 5 en 5 millimètres	MOYENNE ARITHMÉTIQUE de chaque groupe	TAILLE PROBABLE correspondante	COEFFICIENT de reconstitution de LA TAILLE	DEMI-ÉCART DE LA MOITIÉ	DEMI-ÉCART DES 9/10es	DEMI-ÉCART DU TOTAL des cas	NOMBRE DES CAS
millimètres	mètres	mètres		mètres	mètres	mètres	
α à 33	0,03224	1,624	50,40	0,0445	0,1020	0,165	208
34 à 39	0,03653	1,644	45,01	0,0465	0,1084	0,200	1.566
40 à ω	0,04104	1,667	40,62	0,0465	0,1100	0,215	290

COULEUR DE L'ŒIL

COULEURS DE L'ŒIL PAR GROUPES	TAILLE PROBABLE correspondante	DEMI-ÉCART DE LA MOITIÉ	DEMI-ÉCART DES 9/10es	DEMI-ÉCART DU TOTAL des cas	NOMBRE DES CAS
	mètres	mètres	mètres	mètres	
Impigmenté	1,643	0,0425	0,1130	0,205	585
Jaune	1,651	0,0480	0,1120	0,245	647
Orange	1,643	0,0465	0,1080	0,200	855
Châtain	1,641	0,0417	0,1020	0,190	752
Cercle marron	1,639	0,0460	0,1020	0,165	356
Marron verdatre	1,649	0,0445	0,1115	0,190	310
Marron pur	1,638	0,0515	0,1105	0,195	203

Tableau F. — *Étant données la longueur du pied et celle de la coudée, quelle est la taille probable correspondante?*

COUDÉES (millimètres)	PIED α à 229	cas observés	PIED 230 à 239	cas observés	PIED 240 à 249	cas observés	PIED 250 à 259	cas observés	PIED 260 à 269	cas observés	PIED 270 à 279	cas observés	PIED 280 à ω	cas observés
	mètre		mètre		mètre		mètre		mètre		mètre		mètre	
α à 399	1,492	11	1,445	12	1,533	5	»	»	»	»	»	»	»	»
400 à 419	1,535	16	1,542	63	1,557	97	1,580	19	»	»	»	»	»	»
420 à 439	1,565	3	1,568	67	1,592	303	1,611	297	1,623	66	»	»	»	»
440 à 459	»	»	1,602	9	1,628	137	1,642	403	1,662	311	1,681	57	1,702	4
460 à 479	»	»	»	»	1,667	11	1,679	91	1.696	276	1,707	170	1,719	39
480 à 499	»	»	»	»	»	»	1,738	3	1,725	23	1,747	74	1,757	42
500 à ω	»	»	»	»	»	»	»	»	»	»	1,749	5	1,809	7
Demi-écart d'après le groupe le plus nombreux pour la moitié..	0,0235		0,024		0,024		0,0272		0,0277		0,0285		0,025	
les 9/10es..	»		0,0675		0,0585		0,064		0,0625		0,065		0,0625	
la totalité des cas..	0,095		0,105		0,13		0,12		0,115		0,115		0,125	

Tableau G. — *Étant données la longueur du pied et celle du médius, quelle est la taille probable correspondante?*

MÉDIUS (millimètres)	PIED α à 229	cas observés	PIED 230 à 239	cas observés	PIED 240 à 249	cas observés	PIED 250 à 259	cas observés	PIED 260 à 269	cas observés	PIED 270 à 279	cas observés	PIED 280 à ω	cas observés
	mètre		mètre		mètre		mètre		mètre		mètre		mètre	
α à 99	1,521	8	1,545	7	»	»	»	»	»	»	»	»	»	»
100 à 104	1,521	20	1,559	96	1,578	71	1,603	20	»	»	»	»	»	»
105 à 109	1,523	13	1,566	106	1,593	395	1,624	253	1,656	40	»	»	»	»
110 à 114	»	»	1,583	28	1,604	306	1,632	693	1,663	332	1,691	55	»	»
115 à 119	»	»	»	»	1,633	41	1,648	282	1,677	474	1,711	197	1,742	24
120 à 124	»	»	»	»	»	»	1,683	30	1,692	155	1,716	158	1,736	61
125 à ω	»	»	»	»	»	»	»	»	»	»	1,752	32	1,755	42
Demi-écart d'après le groupe le plus nombreux pour la moitié..	0,025		0,0265		0,031		0,0307		0,032		0,029		0,03	
les 9/10es..	0,0625		0,0725		0,0715		0,072		0,072		0,070		0,069	
la totalité des cas..	0,08		0,12		0,155		0,14		0,145		0,115		0,125	

Tableau H. — *Étant données la longueur et la largeur de la tête, quelle est la taille probable correspondante?*

LARGEURS DE TÊTE (millimètres)	LONGUEUR DE TÊTE α à 174	cas observés	LONGUEUR DE TÊTE 175 à 179	cas observés	LONGUEUR DE TÊTE 180 à 184	cas observés	LONGUEUR DE TÊTE 185 à 189	cas observés	LONGUEUR DE TÊTE 190 à 194	cas observés	LONGUEUR DE TÊTE 195 à 199	cas observés	LONGUEUR DE TÊTE 200 à ω	cas observés
	mètre		mètre		mètre		mètre		mètre		mètre		mètre	
α à 144	1,602	12	1,586	31	1,611	38	1,628	38	1,624	23	»	»	»	»
145 à 149	1,585	30	1,617	9[illegible]	1,625	202	1,629	225	1,641	115	1.665	41	1,645	5
150 à 154	1,610	37	1,615	120	1,626	363	1,640	450	1,658	313	1,674	95	1,689	17
155 à 159	1,625	24	1,629	76	1,633	244	1,653	423	1,663	286	1,673	133	1,686	31
160 à 164	»	»	1,6575	20	1,654	89	1,652	155	1,664	130	1,690	69	1,678	19
165 à ω	»	»	1,668	7	1,659	16	1,648	39	1,669	27	1,688	17	1.695	17
Demi-écart d'après le groupe le plus nombreux pour la moitié..	0,0585		0,0475		0,0425		0,044		0,0415		0,0525		0,0375	
les 9/10es...	0,0975		0,102		0,1025		0,107		0,1015		0,104		0,10	
la totalité des cas..	0,125		0,15		0,185		0,19		0,19		0,16		0,12	

973. — Imprimerie municipale, Hotel de Ville. — 1889.

www.ingramcontent.com/pod-product-compliance
Lightning Source LLC
LaVergne TN
LVHW010409240826
846091LV00020B/2851